ANTOINE DE SAINT-EXUPÉRY

Montando biografias. Antoine de Saint-Exupéry
Título original: *Biografías para armar. Antoine de Saint-Exupéry*
Textos: Daniel Balmaceda
Ilustrações: Pablo Bernasconi

Investigação: Patricia Gutiérrez Méndez
Coordenação editorial: Florencia Carrizo
Edição de texto: Florencia Errecarte y Cristina Paoloni
Tradução: Carolina Caires Coelho
Revisão: Tomaz Adour
Design gráfico: Pablo Ayala

Primeira edição.

Catapulta editores

R. Adib Auada, 35 Sala 310 Bloco C
Bairro: Granja Viana - CEP: 06710-700 – Cotia – São Paulo.
E-mail: infobr@catapulta.net
Web: www.catapulta.net

ISBN 978-85-92689-43-8

Impresso na China em março de 2019.
Complemento feito na China.

Balmaceda, Daniel
Montando biografias : Antoine de Saint-Exupéry / Daniel Balmaceda ; [ilustração] Pablo Bernasconi ; [tradução Carolina Caires Coelho]. -- Cotia, SP : Catapulta, 2019.

Título original: Biografías para armar : Antoine de Saint-Exupéry.
ISBN 978-85-92689-43-8

1. Escritores franceses - Biografia - Literatura infantojuvenil 2. Saint-Exupéry, Antoine de, 1900-1944 - Literatura infantojuvenil I. Bernasconi, Pablo. II. Título.
18-21629 CDD-028.5

Índices para catálogo sistemático:
1. Escritores franceses : Biografia : Literatura infantojuvenil 028.5
2. Escritores franceses : Biografia : Literatura Juvenil 028.5

Iolanda Rodrigues Biode - Bibliotecária - CRB-8/10014

Livro de edição brasileira.

MONTANDO BIOGRAFIAS

ANTOINE DE SAINT-EXUPÉRY

DANIEL BALMACEDA · PABLO BERNASCONI

Catapulta junior

ÍNDICE

Quinto dia. O ardor é tão forte que meu corpo não o sente mais. Praticamente não sinto mais nada.

A falta de água nos seca por dentro e paramos de transpirar. André, por alguns momentos, sente vontade de chorar. Eu também, mas não posso. Não restam nem sequer lágrimas neste corpo que parece prestes a se render.

Tudo ao redor é areia. Um deserto. Não sabemos qual nem onde fica.

Caminhamos em círculos procurando a salvação. Ou talvez o façamos em linha reta. Não existe um ponto de referência.

Sozinhos.

O vento, como um redemoinho, nos acompanha, assim como o frio das noites que, mesmo estreladas, nos congelam.

Esse inconveniente me incomoda! Se não estivéssemos perdidos, André e eu poderíamos desfrutar da imensidão da noite. A lua nos observa, quer falar conosco. Conseguimos ver tudo. Estrelas fugazes que passam e não param para nos cumprimentar, um firmamento escuro, fechado, planetas.

Ao longe, vejo algo se mexer e meu coração se acelera. Não, não quero me iludir. Outra alucinação, outra miragem. Mas, dessa vez, parece tão real...

É um homem?

É um camelo?

É um homem com um camelo?

Sua túnica branca, como uma capa, esvoaça ao ritmo do vento desértico. Usa alguma coisa na cabeça, um tipo de coroa.

Parece ser um pequeno príncipe...

1. SÓ AS CRIANÇAS SABEM O QUE ELAS PROCURAM

Marie de Fonscolombe, mãe de Antoine de Saint-Exupéry, nasceu em 1875, na Provença, na França. Passou sua infância no castelo de La Môle, de propriedade da família de seu pai. Aos onze anos, Marie deixou a vida no campo. Sua tia, Gabrielle de Lestrange, condessa de Tricaud, a levou para a cidade de Lyon para morar com ela, e se responsabilizou por sua criação e educação. A tia e a sobrinha dividiam os dias entre o apartamento amplo da condessa na cidade e o castelo imponente de Saint-Maurice-de-Rémens.

Quando Marie atingiu a idade para se casar, a tia procurou um bom partido. Não seria difícil encontrar um para uma dama da nobreza francesa. Foi assim que, com a ajuda da tia Tricaud, Marie conheceu Jean de Saint-Exupéry.

Em junho de 1896, os dois se casaram no castelo de Saint-Maurice. No ano seguinte, nasceu a primeira filha do casal, Marie Madeleine e, um ano depois, Simone, a quem todos chamavam de Monot. O primeiro filho do sexo masculino chegou junto com o novo século — no dia 29 de junho de 1900 — e recebeu o nome de Antoine.

Antoine Jean-Baptiste Marie Roger de Saint-Exupéry era seu nome completo.

Mais tarde, viriam François e Gabrielle. Desse modo, os Saint-Exupéry formaram uma família de três filhas e dois filhos. Viviam em Lyon e passavam temporadas na mansão de Saint-Maurice e no La Môle, o castelo dos pais de Marie.

Em uma tarde de março de 1904, quando a família voltava de La Môle, o destino lhes deu um duro golpe: Jean, o pai, sofreu um derrame cerebral e morreu. Tia Tricaud levou a jovem viúva e seus cinco filhos para morarem em Saint-Maurice-de-Rémens. Lá, as crianças poderiam viver em contato com a natureza e, ao mesmo tempo, a condessa poderia ajudar Marie na criação dos pequenos.

A vida no campo no interior da França no início do século XX não era nem um pouco entediante. Na verdade, não havia tédio em nenhuma casa habitada por Antoine: ele era o líder do grupo que formava com seus irmãos.

Marie Madeleine e Simone eram mais tranquilas do que os irmãos. Gostavam de montar quebra-cabeças, desenhar, pintar e de colecionar vários tipos de folhas e de flores, que guardavam em cadernos. Mas Antoine tinha uma personalidade muito intensa e inevitavelmente envolvia as irmãs em aventuras. Para François e para Didi, apelido que deram à pequena Gabrielle, Antoine era como um ímã que atraía todos eles para as brincadeiras mais variadas e também para as travessuras mais ousadas.

Por assumir o papel de líder entre seus irmãos, eles começaram a chamar Antoine de Rei Sol. Os cinco irmãos corriam pelo vasto campo, pulavam cercas e desafiavam a chuva. Quando viam o céu se fechar com a chegada de uma tempestade, organizavam corridas e o vencedor era o último a ser atingido pelas gotas de chuva. Além disso, sempre seguindo o aventureiro, os irmãos Saint-Exupéry juntavam ripas de madeira e montavam casas nas árvores.

Mas as aventuras no campo eram apenas uma parte da diversão. A mansão em Saint-Maurice-de-Rémens também era um ótimo lugar para as brincadeiras: eles subiam as grandes escadas pulando os degraus e corriam nas varandas. Além disso, guardavam incríveis tesouros, principalmente na biblioteca... Ah, quando Antoine descobriu a biblioteca...! Para ele, foi como ver o paraíso. Insistia para que a mãe lesse histórias, algo que Marie fazia com muito prazer. Os cinco filhos se sentavam para escutá-la e ficavam maravilhados.

"C'est le paradis" (Isso é o paraíso).

Quando tinha quase cinco anos, Antoine leu seu primeiro livro. Na verdade, era um panfleto sobre o processo de elaboração do vinho que ele havia encontrado dentro de um baú. Adorava bisbilhotar todos os cantos da mansão. Não entendeu o que leu, mas conseguiu ler as palavras e se sentiu orgulhoso por isso.

Conforme foi crescendo, descobriu autores como Hans Christian Andersen e Julio Verne, que o levaram às aventuras mais extraordinárias que conseguia imaginar. Julio Verne! Passava noites e noites sonhando em ser protagonista de uma de suas histórias! Cenas da vida submarina, viagens ao centro da Terra, tesouros ocultos.

Mas o que mais chamava a atenção de Antoine era o céu. Voar parecia ser uma experiência sublime. Decidiu que precisava encontrar uma maneira de voar.

Para isso, projetou uma bicicleta voadora, apoiado por Didi e François, e com a ajuda do carpinteiro do bairro. É claro que nunca conseguiu fazê-la voar. Concluiu que a falha de sua "bicicleta-avião" era não ter um motor. Teimoso como era, conseguiu um motor movido a gasolina com o qual realizou vários experimentos até o motor explodir perto do rosto de seu querido irmão François. Felizmente, para os dois, o irmão mais novo sofreu apenas ferimentos leves. Depois do acidente, Marie esperou Antoine com um sapato na mão, na porta da mansão. O gesto indicava claramente que a aventura terminava ali.

"Assez, Antoine! Tu es puni!" ("Já chega, Antoine! Você está de castigo!") foi o que sua mãe disse.

Mas a vontade de voar nunca passou, nem sua teimosia.

Apesar de querer dedicar a vida às aventuras e aos livros, Antoine tinha que estudar. Em 1909, Marie levou os filhos homens à cidade de Le Mans, para que o avô Saint-Exupéry, pai de Jean, pudesse passar mais tempo com os netos. As mulheres, por sua vez, ficaram sob os cuidados da tia Tricaud. Os pequenos, Antoine e François, começaram a frequentar a escola dos Irmãos Cristãos. Para Tonio, como chamavam Antoine, a escola não era a mais divertida do mundo. Ele nunca prestava atenção à aula! Era desleixado, e sua carteira e seus dedos estavam sempre sujos de tinta. Seus colegas riam dele por causa de seu nariz. Tinha o nariz arrebitado que parecia apontar para o céu e por isso diziam que ele "cutucava a lua", porque seu narizinho parecia querer se lançar ao firmamento. E era mesmo o que ele queria fazer!

Ele queria tanto voar que seu desejo se tornou realidade. Em 1912, Antoine viajou de férias com sua família para Saint-Maurice. A cerca de seis quilômetros da mansão, um aeródromo havia sido aberto. Naqueles anos, a aviação estava surgindo. Não existiam os aviões que vemos atualmente. Os primeiros aviões eram muito precários: eram simples planadores aos quais tinham sido instalados motores.

Para Antoine, o local de onde os aviões decolavam e onde aterrissavam era seu lugar dos sonhos. Procurava ir até lá sempre que podia, de bicicleta e acompanhado de sua irmã mais nova, Didi. Marie, sua mãe, às vezes também ia para ver os voos e se interessava pela paixão precoce de seu filho.

Tonio aproveitava cada ida ao aeródromo para pensar no que fazer para entrar em um avião.

Finalmente, conseguiu convencer o aviador Gabriel Wroblewski. No dia 7 de julho de 1912, com apenas doze anos, Antoine de Saint-Exupéry voou pela primeira vez. E foi mágico.

Mesmo tendo sido um voo curto, pôde sentir o vento no rosto e se sentiu um personagem corajoso, digno de um romance de Julio Verne.

Ao voltar à escola, Antoine tentava aproveitar ao máximo as horas que passava ali e era cercado por crianças que gostavam de literatura. Com apenas treze anos, escreveu um conto chamado "A odisseia de um chapéu", que foi publicado no jornal da escola no Natal de 1913. Mesmo sem perceber, sua vida foi sendo guiada pela literatura e por sua paixão por voar.

Em 1914, quando a Primeira Guerra Mundial começou, Marie passou a trabalhar como enfermeira em um hospital de campanha e matriculou os filhos em outra escola. Em 1915, decidiu mandá-los para o colégio interno Saint-Jean, na Suíça, país vizinho que se mantinha neutro. Sempre atenta aos filhos, Marie os visitava uma vez por semana, religiosamente.

Os dias no colégio interno não eram muito divertidos. Antoine sentia falta de brincar com seus irmãos, mas até que não era de todo mal. Suas notas eram muito boas, levando em consideração o fato de sua mente ter vontade própria e de ele ser muito distraído. Nessa época, comprou uma máquina fotográfica e descobriu um novo passatempo: fotografar tudo o que via.

Apesar da ausência do pai, Tonio teve uma infância feliz, alegre, tranquila, cheia de amor e com uma dose de imaginação suficientemente grande para planejar projetos para o futuro.

Por mais que seja difícil determinar quando a infância termina e a fase adulta começa, Antoine soube perfeitamente o dia em que deixou sua adolescência para trás de forma definitiva. Foi no dia 10 de julho de 1917. Naquele dia, a dor fez com que ele se tornasse um adulto.

Em dezembro do ano anterior, Tonio e seu inseparável irmão François tinham passado o Natal com a família. Ao voltar à escola, François perdeu o casaco e não quis pedir um novo. O frio europeu foi muito pesado para o corpo do garoto de quinze anos, que adoeceu. Foi diagnosticado com reumatismo e enviado de volta a Saint-Maurice.

Apesar de se preocupar com a saúde de seu irmão, Antoine conseguiu concluir os estudos: formou-se em Ciências Sociais e Ciências Naturais. Depois de se formar, Antoine correu para ficar ao lado de seu irmão. Mas a saúde de François não melhorava.

Naquele dia quente de 10 de julho, a enfermeira que cuidava do mais novo dos Saint-Exupéry chamou Antoine porque seu irmão queria falar com ele. François, tranquilo, disse ao irmão que sentia que estava morrendo e queria lhe deixar seus três pertences: uma carabina, um motor e uma bicicleta.E mais uma coisa.

E mais uma coisa.

François lhe disse: "Não se esqueça de escrever tudo isso".

Depois disso, Marie se aproximou deles.

François olhou para os dois e disse: "Estarei melhor no lugar para onde vou".

E, assim, se apagou a vida de seu irmão mais novo.

Antoine, tomado de tristeza, pensou: "Quando o corpo se desfaz, o essencial se mostra".

Sim. O essencial é invisível aos olhos.

2. É NECESSÁRIO QUE EU SUPORTE DUAS OU TRÊS LAGARTAS SE EU QUISER CONHECER AS BORBOLETAS

Perder François foi um golpe na vida de Antoine. A morte de seu pai não o havia afetado tanto porque tinha sido amparado por sua mãe, sua tia, seus avós e, na época, não tinha nenhum tipo de necessidade econômica, nem obrigações.

Mas agora, aos dezoito anos, tinha que começar a enfrentar a vida, deixar o conforto do ninho e voar em direção ao futuro. O problema era que sua personalidade eternamente curiosa não permitia que ele se concentrasse no que realmente queria. Essa situação se repetiu ao longo de sua vida. Quando se interessava por alguma coisa, seu entusiasmo era incontrolável. Mas quando acreditava que poderia conseguir o que queria, a vontade sumia de repente e ele ficava frustrado. Então, procurava uma nova aventura. E assim, o sentimento de inconformismo o entristecia, mas, ao mesmo tempo, representava uma oportunidade para atingir um novo objetivo.

E foi testando.

Entre os jovens de famílias nobres como a de Antoine, o exército ou a marinha sempre eram uma opção, por isso Antoine decidiu entrar para a Escola Naval. Para conseguir, frequentou o colégio Bossuet e depois a escola Saint-Louis, em Paris. Antoine era muito solitário. Dedicava-se cada vez mais a ler. Também passava períodos longos escrevendo poesia.

Certa manhã, viu como um aluno de anos superiores maltratava um de seus companheiros. Sem pensar, aproximou-se do agressor e lhe deu um golpe. A vítima se chamava Henry de Ségogne. Desde então, tornaram-se grandes amigos.

No início de 1918, enquanto ainda acontecia a Primeira Guerra Mundial, a Alemanha bombardeou Paris. Aos alunos e a todos os membros do colégio, foi dada a ordem para que se escondesse nos sótãos. Mas por nada Antoine perderia um espetáculo como aquele! Fugiu e subiu ao telhado do colégio para ver tudo. Anos mais tarde, o próprio Tonio contaria sua experiência:

O céu estava tomado por aviões com refletores, os foguetes cruzavam o céu, foi mágico. Ouvia-se metralhadoras e, acima de tudo, o canhão, que não parou nem um segundo... pam.. pampam... pampampam!

Mas além de suas brincadeiras quase infantis, também começou a sair com amigos e com garotas, algo comum no mundo dos adultos. Antoine vivia no colégio, enquanto seu amigo Henry vivia com sua família em Paris. Assim, para que o jovem Saint-Exupéry pudesse fugir, os dois amigos tinham planejado uma estratégia. À noite, quando todos dormiam, Antoine se escondia na rede de esgoto. Caminhava por ele até a rua Cujas, onde Henry esperava por ele, e levantava a tampa pesada do bueiro para que seu amigo pudesse sair.

Por fim, um dia chegou o momento dos exames para o ingresso na Escola Naval.

Em Matemática, tinha tirado a nota mais alta. Mas em Literatura... havia reprovado. Antoine de Saint-Exupéry havia falhado em Literatura!

A prova consistia em escrever uma redação sobre um homem que havia voltado da guerra. Mas, já naquela época, Antoine não conseguia escrever sobre coisas que não fossem pessoais.

Não via a literatura como algo alheio a sua experiência, mas precisava expressar suas vivências. Por isso não pôde cumprir o que pediam.

A isso, somou-se o fato de não ter estudado nem História nem Geografia. Seu projeto de entrar para a Marinha acabou ali.

Mas Tonio continuou tentando. Já sem futuro nos navios, quis ser arquiteto. Para isso, mudou-se o Hotel La Louisiane, em plena Paris, e se matriculou na Escola Nacional Superior de Belas Artes, onde faria o curso de Arquitetura. Sobrevivia com o que sua mãe lhe dava e, apesar de passar por dificuldades financeiras, nunca deixou que os filhos percebessem. Mas o que Antoine recebia de casa não lhe permitia viver de acordo com o luxuoso estilo de vida parisiense.

Por sorte, durante aquela época, começou a andar com uma prima distante de sua mãe, Yvonne de Lestrange, duquesa de Trévise, que foi uma espécie de protetora de Antoine. Ela sentiu pena do menino e ofereceu a ele o castelo que tinha em plena capital francesa, para que ali ele pudesse morar. Yvonne trabalhava no Instituto Pasteur e estava sempre na companhia de intelectuais franceses do início do século XX.

Foi durante esses anos que Antoine começou a pensar em ser escritor. Por mais que ainda faltasse muito para conseguir isso.

Pouco durou a ideia de ser arquiteto. Além de ter ficado entediado, um compromisso surgiu.

Em 1921, convocado a prestar o serviço militar, pediu para se alistar na Força Aérea, talvez lembrando-se daquele primeiro voo de quando tinha doze anos. Integrou o grupo de aviação de Estrasburgo.

E continuava testando.

Entre 1921 e 1923, terminou sua obrigação com o serviço militar. Ele queria voar. Mas não podia ser piloto militar sem ter permissão civil. Mais uma vez, a paciente Marie enviou dinheiro para que ele pudesse pagar o curso. Enquanto isso, devido a seus conhecimentos e a sua cultura, foi nomeado professor. Antoine estava feliz com essa designação!

Assim foi o início de seu período na Força Aérea: fazia aulas de voo e lecionava aerodinâmica e funcionamento dos motores (evidentemente, aquela primeira tentativa de fabricar um motor para sua "bicicleta-avião" estava dando frutos agora).

Quando conseguiu sua patente de piloto civil, foi incorporado ao 37º Regimento de Aviação de Rabat, África. Não poderia haver lugar mais adequado para as aventuras do que a África. O fascínio do sonhador foi crescendo. No fim de 1921, depois de realizar vários cursos, conseguiu a licença de piloto militar.

Rabat e Casablanca, as cidades para as quais Antoine foi mandado, eram lugares muito singulares. As ruas estreitas, o cheiro de especiarias, os homens com turbantes, os mercados... Tudo era exótico e maravilhoso para o jovem aprendiz. A África despertou nele um fascínio que manteve ao longo de toda a vida.

Tinha uma boa relação com seus companheiros. Em seu tempo livre, jogava baralho e xadrez com eles. Mas também gostava de passar longos períodos em solidão e, nesses momentos, dedicava-se a desenhar e a escrever.

Mas para ele não faltou ação. Antoine sofreu dois acidentes aéreos, nenhum deles grave. As aulas eram difíceis e, em alguns dias, chegou a fazer seis aterrissagens em uma única manhã. No entanto, não reclamava. Estava fazendo o que gostava. Posteriormente, foi mandado como oficial a um regimento em Le Bourget, quase dentro de Paris. Voltou a ver seus amigos e esse novo tempo na capital da França lhe trouxe uma surpresa. Apaixonou-se por Louise de Vilmorin, uma moça que Henry, seu amigo de colégio, lhe havia apresentado. Deram início a um namoro que acabou em noivado.

Durante seu tempo em Le Bourget, como se o tempo não tivesse passado e ainda pudesse se dar ao luxo de fazer travessuras, entrou em um Hanriot HD.14 sem pedir permissão a ninguém, que estraçalhou no fim da pista. O Hanriot não era um avião de guerra como os que vemos hoje em dia nos filmes. Naqueles anos, os aviões eram de madeira, eram revestidos por rede e tinha uma espécie de telhado acima do assento do piloto. Nesse acidente, Antoine sofreu sérias lesões: fratura de crânio, esterno e punho. E teve que passar várias semanas no hospital.

Quando saiu, apesar da bronca de seus superiores, Louise, uma garota intelectual que se dedicava a escrever, pintar e tocar o violoncelo, disse a ele que não passaria a vida com um homem que se arriscava daquela maneira. Pediu que ele parasse de voar. Por sua falta de disciplina, foi colocado para trabalhar em terra, e aproveitou esse fato para prometer a Louise que não voaria mais.

O casal passou alguns meses maravilhosos. Visitavam Saint-Maurice e a casa da família de Louise. Saíam com seus amigos e aproveitavam as noitadas nas casa de Yvonne de Lestrange, na companhia dos mais importantes intelectuais da época. A França de década de 1920 se consolidava como a meca das artes.

As personalidades de maior destaque da época se reuniam na Cidade de Luz. Literatura, pintura, escultura, o cinema recém-nascido e o jazz em todas as esquinas.

Paris era uma festa.

Mas a festa durou pouco: em outubro de 1923, Louise decidiu terminar o noivado. O agora ex-piloto havia concluído o serviço militar, não tinha trabalho fixo, e sua namorada o havia deixado.

Coitado do Antoine! Não teve outra alternativa que... voltar a tentar.

Quis a sorte, ou o destino, que Tonio reencontrasse Pierre Priou, o capitão que o havia acompanhado durante sua estadia na África. O homem o convidou a dividir um apartamento, o que foi um alívio para as contas de Antoine, uma vez que ele morava em um hotel.

Essa não foi a época mais feliz da vida de nosso aventureiro, exatamente porque faltaram aventuras. Conseguiu empregos dos quais não gostava e nem o divertiam. A única coisa interessante era ter um salário. Trabalhou em vários lugares, desde uma fábrica de telhas até ser representante de uma empresa de veículos utilitários. Ainda por cima, como não bastava o dinheiro para sobreviver, sua mãe ainda tinha que lhe mandar alguns francos por mês.

Mas como acontece em todos os momentos sombrios, uma pequena luz surgiu. Em uma das várias reuniões de intelectuais na casa de Yvonne de Lestrange, ele conheceu Jean Prévost, editor de uma revista literária chamada *O aviador*, o primeiro relato de Saint-Exupéry. E foi um sucesso! As pessoas adoravam conhecer a vida dos homens que se interessavam em voar. Além disso, foi uma injeção de ânimo para Antoine que sempre, desde pequeno, tinha sido um ser muito sensível com grande necessidade de aceitação e afeto.

Mas apesar de a literatura lhe deixar feliz, não compensava financeiramente. E foi nesse momento que outro raio de luz iluminou a vida de Antoine.

E tentou mais uma vez.

Antoine havia aceitado seu destino.

3. NÃO É UMA COISA. ISSO VOA. É UM AVIÃO. É O MEU AVIÃO

Por mais que tenha demorado para ver com clareza e tenha passado toda a adolescência e parte da juventude procurando sua vocação, seu destino havia se manifestado desde que ele era muito pequeno: Antoine havia nascido para voar. E soube fazer isso melhor do que ninguém.

Não só fez isso em um avião, mas também pôde abrir as asas da imaginação e levar a humanidade inteira a percorrer o mundo por meio de seus livros.

Para pagar suas dívidas, começou a trabalhar na Companhia Aérea Francesa. Fazia voos recreativos e tirava fotos do céu. Não era algo que o fascinava, mas pelo menos podia voar e tinha tempo para escrever.

A aviação havia se desenvolvido originalmente com fins militares durante a Primeira Guerra Mundial. Em pouco tempo, começaram a surgir empresas privadas que realizavam voos comerciais para transportar passageiros. Mas as pessoas não confiavam nos aviões. Voar, então, parecia uma excentricidade.

O que as pessoas podem ter pensado, no começo do século XX, ao ver que, contrariando a lei da gravidade, um equipamento pesado, que carregava seres humanos, levantava voo, mantinha-se no ar e conseguia aterrissar!

Agora, é possível ir de Buenos Aires até Paris, sem escalas, ou de Nova York a Londres, mas no começo dos anos 1920, os aviões conseguiam percorrer apenas quinhentos quilômetros por vez, sem precisar parar para reabastecer. Ou seja, eles tinham pouca autonomia de voo.

E é melhor não falar sobre o incômodo! As cabines eram abertas, por isso não era possível voar em meio a tempestades ou com ventos fortes, e havia muito pouco espaço, o que dificultava os movimentos dos pilotos. A roupa que eles usavam era incômoda. Tinham que se vestir com muitas roupas, usar óculos e luvas para não congelar as mãos. O cheiro forte de couro da roupa se misturava com o cheiro de gasolina e da combustão dos motores.

Mas as dificuldades não terminavam ali.

Havia poucos instrumentos de voo, tudo era muito precário. Os pilotos tinham que confiar em sua visão e olhar para baixo para saber onde aterrissar. Além disso, muitas vezes tinham que usar máscaras de oxigênio pela dificuldade de respirar àquela altura.

Ser aviador naquela época significava correr muitos riscos. Ainda assim, não era uma profissão exclusivamente de homens. Havia mulheres pilotas e muito corajosas, com certeza. Pioneiras, como Amelia Earhart e Bessie Coleman.

Em outubro de 1926, Saint-Exupéry começou a trabalhar para a empresa aérea Latécoère, cujos pilotos levavam correspondência de Toulouse, na França, até Dakar, na África.

Mas antes de voltar, teve que estudar geografia, que era uma ferramenta fundamental para realizar voos sobre cadeias montanhosas ou sobre o deserto. Também teve que estudar a mecânica dos aviões. Naqueles tempos, eram muito comuns as avarias nos motores e, se os pilotos tivessem que realizar uma aterrissagem forçada, era importante que eles soubessem onde estava o defeito e como poderiam consertá-lo!

Avion
CARTE POSTALE
B 612

Além de adquirir diversas habilidades, naquela época, Antoine conheceu Jean Mermoz e Henri Guillaumet, que não só foram grandes pilotos, mas também seus grandes amigos.

Em Latécoère, Antoine trabalhou, no começo, como mecânico; assim, pôde conhecer os aviões melhor do que conhecia o próprio corpo. No início do ano seguinte, 1927, quando já era piloto da empresa, lhe foi atribuída a rota de voos regulares a Casablanca, no Marrocos, na África. Não era o melhor piloto — perdia a hora dormindo, chegava tarde, perdia as luvas, continuava sendo tão distraído quanto na infância —, mas tinha experiência e, acima de tudo, coragem. O trabalho de piloto nessa rota área era muito perigoso. Existiam tribos na África que sequestravam aviões e pediam resgate pelos pilotos. Esse ano, a empresa foi vendida e passou a se chamar Aéropostale.

Quando Antoine já tinha bastante experiência, foi nomeado chefe de Aviões em Cabo Juby, uma fortaleza localizada na costa espanhola do Saara. Cabo Juby era uma pequena província espanhola na África, um ponto-chave e estratégico para que a Aéropostale pudesse ampliar seus horizontes até a América do Sul (e para isso, era preciso cruzar o oceano Atlântico). Por isso era preciso cuidar de Cabo Juby. E essa foi a tarefa de Exupéry. Tinha que controlar as aterrissagens, o bom funcionamento dos aviões, resolver problemas técnicos e mecânicos, e fazer relatórios a seus chefes.

Muitas vezes ele mesmo testava os aviões que consertava. Uma vez, um deles falhou e começou a despencar no deserto. Graças a sua habilidade, conseguiu controlá-lo e fez um pouso forçado com sucesso. Enquanto procurava fazer os reparos, percebeu que havia uma pedra muito grande perto do avião. Pensou que não podia ser outra coisa que não um asteroide e, talvez, estivesse ali há milhões de anos, alheio ao passar do tempo e à humanidade.

Aquele asteroide chamou tanto a atenção dele que Exupéry se sentou perto dele, acendeu um cigarro e passou a admirá-lo. A humanidade parecia ser insignificante para ele no meio do universo tão amplo! Não conseguia parar de imaginar o que podia existir além do céu que ele percorria com seu avião. Haveria vida? Era possível que alguém vivesse em algum asteroide?

Além do trabalho com os aviões, Antoine também cumpriu outro papel essencial na Aéropostale. Conseguiu realizar, com sucesso, uma missão diplomática importante e, graças a isso, conseguiu evitar que fechassem a base aérea. Como conseguiu? Jogando xadrez. A criatividade do aviador não tinha limites.

Com frequência, Antoine convidava o governador de Cabo Juby para jogar xadrez e, entre torres, bispos e xeques-mates, o convenceu da importância de manter a pista de aviões aberta. Também se encarregou do problema dos habitantes locais. Aproximou-se deles também com diplomacia. Interessou-se pela cultura deles, já que estava convencido da importância de respeitar os costumes de outros povos. Graças a isso, os nativos permitiram que ele permanecesse em seus territórios inexplorados.

Apesar de seu importante cargo na Aéropostale, a vida do ousado Saint-Exupéry não era nem um pouco confortável. Ele, que tinha título de nobreza e havia nascido em uma família com todos os confortos e privilégios possíveis naquela época, estava agora em um continente distante, dormia em uma cama dura de madeira com colchão de palha e não tinha banheiro nem chuveiro.

COMPA
92,
ATLANTIQUE-SUD
YDRAVION DE L'AÉROPOSTALE
Par Avion
DEPART

Par

Mas Antoine tirou proveito dessas experiências. Relatava suas vivências em cartas que enviava a sua mãe. Também trocava correspondências com a duquesa Yvonne de Lestrange e com o amigo de escola, Henry de Ségogne.

Nas cartas, ele contava à sua querida mãe Marie como era a vida naquelas terras distantes. Contava sobre seus dias, sobre suas noites, sobre como tinha que fechar o tinteiro que usava para escrever para que não ficasse cheio de areia. Contava também sobre os chás exóticos que tomava e dos animais que tinha visto: camaleões, gazelas e raposas do deserto. E o ousado Antoine quis domesticar uma delas!

As noites eram especialmente difíceis para ele. Era tomado por uma grande solidão. Sentia saudade da vida que tinha na França.

Mas era corajoso. Porque para enfrentar a solidão, é preciso ser corajoso. Entendia que, apesar do medo e da angústia que podia sentir, a única maneira de continuar era aceitando seus sentimentos sem perder de vista os objetivos de sua vida. Ainda que não pudesse realizá-los naquele momento, sabia que, se fosse esforçado, conseguiria alcançá-los.

Por isso, à noite, dedicava-se a ler e a escrever.

E escreveu tanto que, perto do fim de 1928, conseguiu terminar seu primeiro romance: *Correio do Sul*. Adoraria estar cercado de sua família e de seus amigos para poder ler com eles o livro que havia escrito. Como fizera na infância, quando acordava a mãe e os irmãos para lhes ler as poesias que escrevia.

Enquanto isso, e depois dos feitos de aviadores como Charles Lindbergh, que conseguiu atravessar o oceano Atlântico sem escalas, a empresa francesa para a qual Antoine trabalhava estava pronta para expandir-se até a América do Sul. Precisava de pilotos experientes. E ninguém mais bem preparado do que esse aventureiro.

Voltou à França para fazer um curso sobre novas técnicas de orientação em voos noturnos. Para ele, era importante voltar a seu país.

E voltava com um livro escrito por ele mesmo!

4. E AS ESTRADAS VÃO TODAS À TERRA DOS HOMENS

Para Antoine, 1929 foi um grande ano! Finalmente publicou seu primeiro livro. E recebeu excelentes críticas!

Sua profissão de aviador fez com que ele fizesse um curso de capacitação sobre técnicas de voo, especificamente de acordo com a posição das estrelas. Ele deu pouca importância ao curso. Não foi nem mesmo aprovado. Sua mente estava concentrada em conseguir publicar seu romance *Correio do Sul*.

Durante sua estada em Paris naquele ano, dedicou-se a visitar amigos e familiares. Principalmente a pessoa que tinha sido seu guia e pilar fundamental de sua vida: sua mãe. Também frequentava, como anos antes, as reuniões na casa de Yvonne de Lestrange, agora como escritor. Isso lhe dava segurança. Já não era um menino perdido procurando seu destino. Agora era um escritor com um livro publicado. As personalidades mais importantes da sociedade francesa se reuniam ao redor dele para escutar sobre as aventuras no deserto e sobre sua vida como aviador.

Em setembro, a Aéropostale mandou Antoine para a América do Sul e o designou para um cargo com nome importante: Diretor da Compañía Aeroposta Argentina. Claro que a Antoine não importava os títulos e coisas assim, o que mais lhe interessava era a natureza do ser humano e a simplicidade e, ao mesmo tempo, o mistério da vida.

Dois de seus amigos, Jean Mermoz e Henri Guillaumet, já estavam trabalhando na Argentina, e isso o deixou animado. Não estaria sozinho em uma terra desconhecida.

Desembarcou no Rio da Prata em outubro de 1929.

A primeira impressão que teve de Buenos Aires não foi das melhores. Para ele, a cidade parecia "uma selva de pedra, um deserto de cimento", como ele próprio disse. Alugou um apartamento elegante e mobiliado na rua Florida, no centro da cidade. Sentia-se preso. Precisava fugir. Poucos dias depois de chegar, fez seu primeiro voo de reconhecimento das pistas de aterrissagem nos destinos que seus pilotos percorreriam.

Naquela época, a Argentina era pouco habitada, principalmente nas províncias do sul. Ao contrário de Marrocos, onde os aviadores tinham que enfrentar as tribos e os caprichos políticos, na Argentina, o maior problema era a natureza: os ventos quase tão fortes quanto os de furacões da Patagônia e também a cordilheira dos Andes, que ficava no caminho até o Chile. O inverno era muito rigoroso; o gelo e a neve dificultavam o pouso.

Uma das missões de Antoine era procurar lugares adequados para o pouso dos aviões. Foi a Trelew, a Comodoro Rivadavia (ambas cidades da província de Chubut), e a Ushuaia (Terra do Fogo).

Quando conheceu a Terra do Fogo, sua opinião sobre a Argentina começou a mudar. A paisagem verde e as casas pitorescas o deixaram encantado. Os habitantes também pareciam mais simpáticos do que os portenhos.

A única coisa animadora de verdade era o salário alto que recebia por seu trabalho. Com ele, além de comprar o que precisava, ainda conseguia enviar dinheiro a sua mãe. Talvez fosse um modo de retribuir à doce Marie por todos aqueles anos nos quais ela o havia ajudado financeiramente. Antoine, além de grato, era muito generoso.

Uma das amizades mais peculiares que Saint-Exupéry fez na Argentina foi com uma foca.

Em Comodoro Rivadavia, ficou comovido ao ver um filhote de foca que estava sozinho e abandonado em uma praia. Não teve dúvida: colocou o animal dentro do avião e o levou para morar com ele em seu elegante apartamento de Buenos Aires. Não era de estranhar que Antoine fizesse algo assim! A foca, que não sabemos se tinha um nome, vivia no prédio da rua Florida com seu amigo humano, e para o pequeno animal de estimação se refrescar, ele enchia a banheira com água e gelo. Além disso, comprava peixes para ela comer. Não queremos nem pensar no cheiro que o apartamento devia ter!

Quando Antoine fazia voos longos e se ausentava por muito tempo, a pequena foca ficava aos cuidados da esposa do zelador do prédio, que assumia a tarefa de levar peixe fresco para alimentar o animal. E quando seu dono voltava, ela o esperava na porta batendo as barbatanas.

Mas a vida do aviador francês não se limitou ao trabalho e a seu animal de estimação. Durante sua estada na Argentina viveu aventuras que, como acontecia com todos os aviões naquela época, eram cheias de perigo. Mas também eram mágicas.

No verão de 1930, Saint-Ex, como começaram a chamá-lo em Buenos Aires, voou até o Paraguai. Por causa de um defeito em sua aeronave, teve que aterrissar em Concordia, na província de Entre Rios. Quando saiu do avião, encontrou as filhas de um banqueiro francês que havia se instalado naquela área. Elas moravam em uma espécie de castelo arruinado conhecido como San Carlos.

O nome da família era Fuchs, e eles falavam francês. Tonio sentia-se como se estivesse em um sonho.

Tão longe de sua terra, de sua família e da infância, havia encontrado um castelo, como aquele em Saint-Maurice, e mais uma vez ouvia seu idioma sendo falado. Antoine era nostálgico e melancólico. Qualquer acontecimento que o levasse de volta a sua vida familiar o deixava comovido. Sentiu que o castelo de Concordia era um oásis no deserto.

As duas filhas da família, Suzanne e Edda, levaram Antoine ao quintal da casa para mostrar seus animais de estimação, e entre eles, havia duas raposas. Elas explicaram que tinham conseguido domesticá-las.

Alguns meses depois, em junho de 1930, seu amigo e companheiro Henri Guillaumet foi surpreendido por uma nevasca enquanto voltava do Chile e precisou fazer um pouso de emergência no meio da cordilheira dos Andes. O clima era hostil e a probabilidade de sobreviver sem alimento e sem abrigo eram quase nulas. Guillaumet encontrou uma caverna e se protegeu ali dentro. Durante dois dias inteiros, procurou se manter em movimento para não congelar. De repente, um barulho chamou sua atenção e ele quis sair. Ao olhar para o céu, viu um avião sobrevoando a região. Henri supôs que era seu amigo Saint-Ex. Ninguém além dele teria coragem de se arriscar a voar daquela maneira em meio às montanhas tomadas pela neve. Apesar de tal ato de coragem, Antoine não chegou a ver seu amigo lá de cima, porque os ventos fortes tinham envolvido o avião de Guillaumet e o coberto de neve. Durante cinco dias, vários pilotos sobrevoaram a região, revezando-se para encontrá-lo. Sem sucesso.

Quando as esperanças estavam quase perdidas, para todos, menos para Saint-Ex, que por ser muito obstinado e cabeça dura não desistiria de encontrar seu amigo, Henri foi resgatado. Ao perceber que se permanecesse na caverna acabaria morrendo congelado, saiu e começou a caminhar pela imensidão da Cordilheira, desafiando o frio glacial até que encontrou um rio, que corria em direção ao Leste. Decidiu seguir seu curso e assim, cinco dias depois do pouso forçado, Henri chegou a um rancho, onde foi socorrido. Foi levado a Mendoza, a cavalo. Seu amigo Tonio foi um dos primeiros a encontrá-lo.

Em julho, foi um outro grande amigo, Jean Mermoz, quem sofreu um acidente. Desta vez, no mar.

Os acidentes de seus amigos faziam com que Antoine se lembrasse da fragilidade da vida, e isso o deixava triste. E todas as vezes em que se sentia triste, a melancolia tomava conta dele, e ele se perguntava o que estava fazendo tão longe de casa.

Antoine descobriu que a melhor maneira de combater a melancolia era escrever. Assim, entre uma carta e outra, entre um voo e outro, trancava-se em seu apartamento para escrever. Como havia acontecido com seu primeiro romance, *Correio do Sul*, o novo livro tinha a ver com sua vida, com sua experiência. Decidiu chama-lo de *Voo noturno*. Nele, contou suas experiências em terras e céus argentinos. Mas, principalmente, quis contar como era a vida no ar e a solidão de quem se atreve a voar.

Aos poucos, começou a gostar da Argentina. Passava os dias voando, ao norte, ao sul e ao outro lado da Cordilheira. Programava voos, ajudava com a manutenção dos aviões (não era um homem que gostava de trabalhar sentado a uma mesa), inaugurava rotas aéreas.

Seu tempo livre era dedicado a escrever. E também à diversão. Conheceu a noite portenha, e por ela acabou apaixonado. Com amigos, assistia a peças de teatro, ia a festas e a reuniões. Segundo conhecidos, era um dos solteiros mais cobiçados.

Mas não ficou solteiro por muito tempo. Onde menos esperava, como costuma acontecer, o amor apareceu. Uma mulher cujo nome representava o que Antoine havia precisado em muitos momentos de sua vida: Consuelo, que quer dizer *consolo*, em português.

5. EXISTE UMA FLOR... CREIO QUE ELA ME CATIVOU...

Em uma noite de agosto de 1930, Benjamin Crémieux, um conhecido crítico literário, convidou Saint-Ex para um coquetel. Durante o evento, entre taças e conversas com os amigos, não conseguiu tirar os olhos de uma mulher. Ela era baixa e tinha cabelos escuros, muito curtos e ondulados. Não chamava muita atenção, mas usava um vestido elegante. Algo nela a tornava muito atraente. Ela parecia envolta em luz ao caminhar pelo salão com uma taça de champanhe na mão. A mulher em questão era Consuelo Suncín, uma salvadorenha que havia ficado viúva jovem.

Antoine percebeu, pela expressão dela, que Consuelo estava entediada. Em cada grupo de três ou quatro pessoas com quem ela parava para conversar, ouviam-se risos e comentários, mas a pequena dama forçava sorrisos e revirava os olhos em sinal de tédio. Tonio a observava de um canto e se divertia com seus gestos.

Consuelo logo se aproximou do armário para buscar seu casaco e ir embora da festa. Nesse instante, o atrevido conquistador a interrompeu e pediu para que ela não se fosse. Para não se separar dela, a melhor ideia que teve foi convidá-la a voar. Consuelo aceitou o convite para ver o Rio da Prata de cima. No passeio noturno, foram acompanhados por Crémieux e Vignes, outro amigo pianista que também estava presente. Consuelo ocupou o assento do copiloto.

O voo começou tranquilo, mas, de repente, o piloto soltou os comandos. Consuelo, assustada, perguntou a Antoine se estava tudo bem. Ele respondeu: *"Est-ce que tu me donnes un bisou?"* ("Me dá um beijo?").

Consuelo, que havia notado o truque do aviador, se negou a beijá-lo, aterrorizada, mas segura de si.

Saint-Ex direcionou a frente do avião ao rio e começou a fazer piruetas no ar, subindo e descendo, esquecendo-se totalmente dos homens que estavam sentados atrás, assustados, e que não tinham participação na estranha paquera do aviador. A moça permitiu que Tonio a beijasse. E assim começou a história de amor entre ele e Consuelo... no ar. Como acontece sempre que alguém se apaixona. Quando o amor aparece, não há nada que o detenha.

Antoine e Consuelo ficaram noivos. Mas no dia seguinte, uma revolução teve início em Buenos Aires. O terror tomou conta das ruas escondidas atrás dos estrondos de tiros e da fumaça da pólvora. Não havia lugar seguro na cidade e as pessoas corriam pelas avenidas procurando refúgio. Antoine estava fascinado com toda essa situação e, com sua pequena máquina fotográfica, queria registrar tudo o que acontecia. Mas sua namorada não achava graça em nada daquilo.

Quando começaram a se apagar os fogos revolucionários, eles iniciaram o planejamento do casamento. Casariam-se em Buenos Aires, mas resolveram esperar mais um tempo.

Precisando viajar para a França para concluir os trâmites de uma herança, Consuelo foi para a Europa. Saint-Ex ficou na Argentina, já que não podia deixar seu trabalho. Mas não ficou sozinho por muito tempo pois, no início do ano seguinte, recebeu a visita de sua mãe.

Ainda que o trabalho na Aeroposta tomasse muitas horas de seu dia, Tonio encontrou tempo para que sua amada Marie conhecesse Buenos Aires. E, como não podia ser diferente, ele a levou para voar.

Marie de Saint-Exupéry entrou em um avião, pela primeira vez na vida, pilotado pelo próprio filho. Juntos, eles foram para Assunção, no Paraguai. Marie estava orgulhosa dele, como sempre se sentiu, e não perdeu a chance de demonstrar o que sentia. E isso deixava Tonio contente.

Um mês depois da chegada de sua mãe, Saint-Ex pediu licença no trabalho como diretor da Aeroposta e voltou com ela para a França, de barco. Em sua bagagem, levava o livro que havia escrito durante sua estada na América do Sul. Tinha clara a ideia de publicá-lo em Paris. Mas também levava um presente para sua irmã Gabrielle, a pequena Didi que, apesar de ser uma mulher casada, sempre seria sua irmãzinha. Qual era o presente? Um puma.

Não é de estranhar que isso tenha sido feito pelo homem que já tinha adotado uma foca e que a havia levado para morar em seu apartamento. Como era esperado, a foca acabou sendo levada para o aquário do então zoológico de Buenos Aires. E o puma não chegou à casa de Didi porque, durante o trajeto, feriu um oficial do barco e Antoine decidiu vendê-lo a um dos passageiros, que estava interessado em comprar um animal de estimação exótico.

Já na França, Consuelo e seu noivo organizaram o casamento na localidade de Agay, onde vivia Gabrielle de Saint-Exupéry. Casaram-se no dia 12 de abril de 1931. Assim começou sua nova vida. De volta a sua terra natal, cercado por sua família e seus amigos, casado e com um novo livro para ser publicado. Parecia que tudo estava encaminhado.

Mas, na vida de um aventureiro, "encaminhar" não é sinônimo de estabilidade.

Em algumas vidas, a tempestade, quando é repetitiva, se transforma em regra.

6. TAMBÉM NOS SENTIMOS SOZINHOS ENTRE OS HOMENS

As vidas acostumadas com a turbulência não conseguem permanecer calmas por muito tempo, pois perdem a própria essência de sua existência.

Durante os primeiros meses após seu casamento, parecia que a vida sorria para Antoine. Mas logo teve que voltar a trabalhar e foi mandado mais uma vez para Casablanca. Isso o oprimia, principalmente porque tinha que ficar longe de sua esposa.

Passou algum tempo transportando o correio para diferentes pontos da África, e logo conseguiu outro trabalho. Nele, tinha que testar os hidroaviões que Pierre Latécoère fabricava antes de serem vendidos. Havia aceitado esse trabalho, por um lado, porque pagavam bem e, por outro, porque podia permanecer em um lugar fixo sem ter que viajar. Mudou-se para Toulouse, mas foi sem Consuelo, que não gostava de viver ali. Ela queria viver em Paris.

Felizmente, seu novo livro, *Voo Noturno*, foi um grande sucesso. Foi traduzido para muitos idiomas e vendeu muito bem. Recebeu, inclusive, o Prêmio Femina, um importante reconhecimento literário. Mas o sucesso trouxe consigo algo para o qual Tonio não estava preparado. Muitas vezes se sentia magoado pelo tratamento que recebia por parte de alguns escritores e aviadores. No fundo, era um menino que acreditava, ingenuamente, que todas as pessoas que cruzavam sua vida o tratariam bem. Não foi assim e isso fez com que ele refletisse sobre as diferenças entre a vida das crianças e dos adultos. "Talvez eu escreva sobre isso um dia", pensava.

E assim, mais uma vez, o coração desse aventureiro ficou triste. Não gostava de seu trabalho, sentia-se sozinho na cidade onde vivia sem a esposa e não conseguia se acostumar com os aspectos negativos do sucesso.

E não foi só isso. Sofreu um acidente que quase custou a sua vida e a de outras pessoas. Desta vez, a distração de Saint-Exupéry custou seu emprego.

No fim de 1933, teve que testar um hidroavião chamado Laté 293. Não voava sozinho. Ele era acompanhado por um tenente de navio, um engenheiro do serviço técnico e um mecânico de provas. Tonio tinha recebido instruções sobre o ângulo que tinham que ter os flutuadores do avião para ser amarrados corretamente. Mas não os levou em conta e sua falta de atenção quase provocou uma tragédia.

A manobra falhou e o avião caiu na água. Um dos flutuadores estourou com o impacto e o avião virou e ficou inundado. O tenente pensou em abrir a porta de evacuação e conseguiu escapar. Mas os outros ocupantes ficaram presos. Felizmente, Saint-Ex conseguiu sair e o mecânico salvou o quarto integrante. E assim terminou a carreira de piloto de teste de Antoine.

Agora, precisava encontrar outro trabalho urgentemente. Antoine sempre tinha gastado mais do que recebia, e as dívidas se acumulavam. Com essa situação, Saint-Exupéry procurou emprego na Air France, empresa que antes tinha sido Latécoère e depois, Aéropostale. Ofereceram a ele um emprego no departamento de publicidade, algo que não tinha nada a ver com suas habilidades como piloto. Mas a empresa aérea tinha interesse em contar com alguém conhecido por suas façanhas.

Antoine aceitou, mas sem muito entusiasmo. Precisava do dinheiro. E, apesar de tudo, o novo emprego não foi terrível. Além de promover a empresa, tinha que fazer o que hoje se chamaria de análise de mercado em diferentes cidades do mundo, para avaliar se era conveniente para a empresa estabelecer uma conexão aérea naquele lugar. Apesar de a aviação crescer em nível mundial, a forma mais comum de viajar de um país a outro continuava sendo de barco.

Em meados de 1934, viajou para a Síria e, em seguida, para a Indochina. Em Saigon (Vietnã) encontrou-se com um ex-colega da Escola de Navegação Aérea, Gaudillere. Juntos, foram explorar o interior de Camboja em um avião. Por um defeito técnico, tiveram que aterrissar no meio da selva e passar a noite ali. A princípio, não saíram do avião devido à quantidade de feras, répteis e batráquios que havia do lado de fora. Mas quando a noite caiu, e muitas estrelas apareceram, Antoine não conteve o impulso de sair para ver o espetáculo de astros dançando no céu. Seu amigo o acompanhou. Saíram da aeronave e se sentaram em cima dela, apenas para ver a noite.

A imensidão fazia eco no silêncio e os dois pilotos conversaram um pouco sobre a vida. Saint-Ex tinha interesse especial na relação do homem com a Terra, na imensidão dela em comparação com o ser humano e seu tamanho pequeno dentro do universo. Nesses momentos, sentia que tinha que viver tudo muito intensamente, e sempre fez isso, principalmente a partir do momento em que escolheu uma profissão tão perigosa quanto a de piloto.

Priorité
CANIS MINOR
Procyon
CARTE POSTALE
AVION
PARIS
20 X
4
1913
DÉPART
DE L'ATL
PAR UN HYDRAVION
COMMERCIALE
Correspondance
Adresse

Além dos passeios por várias cidades, o aviador escreveu artigos para a revista da Air France e filmou alguns documentários em diferentes países para promover as rotas aéreas da empresa.

Como um trabalho extra, fazia palestras. Com isso, pôde viajar por cidades que, mesmo com todas as diferenças culturais, se tornavam mágicas aos olhos de Tonio. Esteve em Atenas, Tripoli, Damasco, Beirute e Istambul. Quando voltou a Paris, depois dessas viagens, no fim de 1934, percebeu que as contas continuavam no vermelho. Mesmo com a venda dos livros, mesmo com seu emprego na Air France, mesmo com as palestras e com os textos jornalísticos que de vez em quando escrevia para o jornal *Paris-Soir.*

Apesar de tudo, Saint-Exupéry, em meio a seu caos financeiro, comprou um avião. Um Caudron Simoun C.630.

Às vezes, com suas atitudes, parecia mais o menino que fazia travessuras com François na infância do que com o adulto de trinta e quatro anos que, na realidade, era.

Aos problemas financeiros, juntaram-se os matrimoniais. Consuelo e Antoine sempre tiveram uma relação de paixão e brigas. Passaram muito tempo separados, ele era muito exigente e, ao mesmo tempo, tinha uma grande necessidade de ser independente e ela gostava dos luxos e das festas. A falta de dinheiro não ajudava. Mas apesar das dificuldades que o casal enfrentou, Antoine sempre se sentiu responsável por Consuelo, que era muito importante em sua vida. De fato, foi ela sua inspiração para a personagem da rosa em *O Pequeno Príncipe.*

Nos últimos meses de 1935, o Ministério da Aviação da França lançou uma competição: uma viagem de Paris a Saigon de avião. O vencedor ganharia cento e cinquenta mil francos.

Era a oportunidade de Antoine. Ele sabia que, com seu avião, podia ganhar. Estava preparado. Tinha o conhecimento, a experiência e a necessidade daqueles milhares de francos.

Sempre achou que a vida é daqueles que se atrevem. E ele se atreveu.

7. AQUI É O DESERTO. NA HÁ PESSOAS NOS DESERTOS

O recorde de voo de Paris a Saigon era de 98 horas e 52 minutos. Receberia o prêmio de 150 mil francos quem conseguisse percorrer os dez mil quilômetros que separam essas duas cidades no menor tempo possível e conseguisse quebrar esse recorde. Precisava chegar antes do dia 1o de janeiro de 1936.

Antoine tinha pouco tempo e muitas coisas para preparar, como controlar o estado do avião, pedir vistos nos países pelos quais passaria, preparar o itinerário, ocupar-se dos mapas e analisar as condições meteorológicas.

O ousado piloto não tinha meio-termo. Era o homem mais sensível do planeta e, ao mesmo tempo, o mais racional. O mais distraído, mas também o mais atento quando algo era muito de seu interesse. Dependia muito do carinho das pessoas e, ao mesmo tempo, precisava de independência de seus afetos. Era muito inseguro em muitos aspectos da vida, como em relação à qualidade do que escrevia. Mas, por outro lado, mostrava-se extremamente seguro, quase dava medo, quando pilotava um avião.

Por isso, em vez de se preparar para uma viagem como aquela, sentia-se tão confiante que não prestou atenção a certos detalhes que eram essenciais para a aventura.

Seu amigo Jean Lucas foi o responsável por estudar os mapas e as rotas. Tonio os analisou por cima, quase sem lhes dar importância. Outro de seus amigos, André Viaud, se responsabilizou por fazer as previsões meteorológicas às quais Antoine também não prestou muita atenção.

Como se não bastasse, na noite anterior a sua partida, Antoine e Consuelo foram passear. Foram comer e depois foram a um parque de diversões, onde uma vidente previu uma desgraça na vida deles. Era o que as cartas mostravam.

Claro que Tonio não acreditaria naquilo de jeito nenhum.

No dia 29 de dezembro de 1935, Antoine chegou ao aeroporto com Consuelo. Eram acompanhados por Henry de Ségogne, seu amigo de colégio. Lá, Didier Daurat, com quem Antoine havia trabalhado na Latécoère e na Aéropostale, esperava por ele. Na travessia, ele teria a companhia de André Prévot.

Antes da partida, Prévot notou que o avião não tinha equipamento de comunicação e seu companheiro de voo explicou que eles não levariam equipamento de rádio para poderem ter mais lugar para armazenar combustível. Assim, fariam menos paradas para abastecer.

Dia 1: 29 de dezembro

6:55

Saint-Exupéry e Prévot, prontos para partir.

Os tripulantes estão lado a lado para receber os cumprimentos. Abraços e tapas nas costas.

Com o dedo indicador, Antoine ergue o rosto de Consuelo, que mantém o olhar voltado para o chão para que o marido não veja suas lágrimas. Não se esquece das palavras da vidente do parque de diversões: "Desastre iminente".

Ele a envolve em um abraço e diz que não há problema nenhum, que ela não deve se preocupar.

"Il n'y a pas de problème, mon chérie, ne t'inquiète pas" (Não há problema nenhum, minha querida, não se preocupe").

Antoine e André entram no avião.

7:07

O avião decola e o tempo não é favorável: está chovendo. Eles têm que atravessar as nuvens baixas e sobrevoar o mar. Consuelo chora. O céu também.

Um defeito no tanque de combustível esquerdo os obriga a aterrissar em Marselha para o conserto. Felizmente, o conserto é feito depressa. Esses imprevistos alteram o humor de Tonio. Eles seguem em frente. Também precisam atravessar o mar Mediterrâneo em meio a uma tempestade.

22:00

Primeira parada programada para abastecer: Tunísia. Demoram apenas vinte minutos. Estão bem com o tempo. Seguem.

22:20

Partida rumo ao Nilo. A ideia é chegar até Alexandria, atravessando um deserto de 1500 quilômetros. Com vento a favor, calculam que levarão cerca de três horas para cruzar o deserto. Mas a noite está escura e, então, os dois têm dificuldades para se orientar. Esperam ver as luzes das cidades à margem do Nilo.

Prévot, cansado, adormece. Tonio se sente invencível. De repente, uma parede de nuvens. Tem que atravessá-la ou descer. Antoine decide descer. O altímetro indica que eles desceram 400 metros.

Mas ocorre um erro imprevisto. O altímetro está ajustado de acordo com a pressão atmosférica de Paris, mas teriam que corrigir o instrumento e modificá-lo de acordo com as condições do lugar, mesmo sem saber bem onde estão. Quando Antoine quer erguer o avião, este bate contra uma duna.

Os vidros da cabine se estilhaçam e o impacto desperta André. Peças metálicas do avião também se desprendem e se perdem na areia. Tanto Antoine quanto Prévot conseguem escapar e se afastam o máximo possível por medo que ocorra uma explosão causada pelo combustível.

Os dois homens ficam no meio do deserto. Nem sequer sabem em qual deserto estão. Sem comida. Sem bebida, só com um pouco de café e meia garrafa de vinho. Também não têm meios de comunicação, já que o equipamento de rádio foi substituído por tambores de combustível.

Logo, o relógio marca meia-noite. Saint-Exupéry e Prévot se acomodam perto do avião porque não há outra alternativa que não seja dormir.

Dia 2: 30 de dezembro

O piloto e o mecânico começam a analisar as possibilidades de sobreviver. Muito poucas. E ali, sentados, muito menos. É urgente que busquem ajuda. Mas onde?

Tudo é areia. O sol começa a esquentar e o deserto parece tomado de amarelo e dourado-brilhante. Começa a caminhada. Uma ampla trajetória até o nada. Sobem as dunas com a esperança de encontrar um povoado. Ao chegarem ao topo de cada duna, veem a mesma cena: um mar amarelo que se estende até o ponto do horizonte onde a areia se confunde com o céu. E assim se passa o dia todo. Voltam exaustos ao avião. Se alguém estiver procurando, verá com mais clareza os restos da nave em meio ao deserto do que os dois seres humanos em frangalhos, dois pontos minúsculos na imensidão do deserto.

Enquanto isso, em Paris, a notícia se espalha. O famoso escritor e aviador, Antoine Saint-Exupéry, desapareceu. Não há informação alguma sobre ele nem sobre seu avião.

Consuelo chora dentro de um quarto de hotel. Nem sequer consegue pensar na possibilidade de voltar a ser viúva.

Dia 3: 31 de dezembro

O ano de 1935 termina. Termina também a vida do escritor promissor?

Não há alimentos e o mais terrível, nas horas quentes do dia, é a sede. Ao despertar, Prévot e Saint-Ex passam um pano pela parte de fora do avião para pegar o orvalho e bebê-lo. Conseguem apenas molhar os lábios. A sede é desesperadora.

Decidem criar um plano.

O piloto sai para procurar ajuda de novo.

O mecânico acende uma tocha ao lado da nave para o caso de algum avião passar e, assim, conseguir vê-los.

Anoitece. Como na noite anterior, nada acontece.

Dia 4: 1º de janeiro

O ano de 1936 chega e eles ainda estão vivos. Querem viver.

O orvalho recolhido pelo paraquedas é sua única bebida.

Quando recuperam forças, mudam o plano de novo: caminhar até o leste, até quase morrer. Quando Guillaumet caiu na cordilheira dos Andes, foi salvo caminhando para o leste. Talvez eles tivessem a mesma sorte.

Caminham sob o sol escaldante o dia todo. Parece que as pernas se movimentam sozinhas e que o corpo não tem vontade própria.

A noite chega e, com ela, o frio. O deserto é um agente duplo. Quente de dia, gelado à noite.

André começa a gritar, a chorar. Vê água.

"De l'eau! De l'eau!" ("Água! Água!").

Antoine não vê água. Só areia. Prévot corre com a força de sua esperança. O aviador o acompanha.

É uma miragem.

Não há água.

Nem forças. Não conseguem mais continuar.

Dormem enterrados na areia para se proteger do frio.

Dia 5: 2 de janeiro

Dois homens perdidos no deserto. Ou o que resta deles.

Eles se erguem de onde estavam enterrados e continuam caminhando. A garganta seca, os lábios cortados, o rosto enrugado. Caminham, param. Caminham, voltam a parar. Sentem-se vencidos.

Mas ainda assim resistem.

Outra miragem. Veem a aproximação de uma caravana, na qual se destaca um homem com roupas brancas e turbante, montado em um camelo.

Não perdem tempo em observá-lo. Sabem que é uma ilusão. Mas o homem não desaparece. Nem seu turbante. Nem o camelo. Será real?

O cheiro do animal é sentido cada vez mais perto. A mente também pode criar ilusão com odores? Só pode ser real.

O homem fala com eles num idioma que não entendem. Eles se aproximam e tocam o camelo. O tato não engana. É real. Estão salvos.

Os beduínos lhes deram água em um tipo de balde. O aviador e o mecânico se lançaram sobre ele desesperados, molharam a cabeça e beberam água como animais.

Os dois náufragos do deserto foram colocados em cima dos camelos — não tinham força suficiente para subir sozinhos — e levados a Uaidi El Natrun, uma localidade a cerca de vinte quilômetros do lugar onde tinham sido encontrados.

Antoine de Saint-Exupéry e André Prévot sobreviveram ao deserto.

8. ELE NÃO TEM IDEIA DO PERIGO

A felicidade pelo retorno com vida do aviador durou pouco entre ele e Consuelo. Ele era um herói e uma personalidade da literatura, mas ainda assim o dinheiro não dava. Foram despejados do lugar onde viviam por falta de pagamento, e se viram obrigados a se mudar para um pequeno hotel.

Antoine não mudou... nunca.

A vida no novo lugar do casal não passava de aparências. Moravam juntos, mas em ambientes separados. Continuavam casados, mas com vida de solteiros. Era esse o acordo.

Diante da situação financeira permanentemente complicada, alguns amigos de Antoine decidiram estender a mão a eles. Nelly de Vogüé, ligada a poderosos líderes da imprensa, sugeriu que ele se dedicasse ao jornalismo até que organizasse suas finanças. Antoine já tinha escrito uma dezena de textos para o jornal *Marianne*. Por mais que não gostasse da ideia de escrever textos midiáticos, faria isso apenas pelo dinheiro.

O jornal *L'Intransigeant* o contratou para viajar a Espanha, onde a Guerra Civil havia começado. O estado de ânimo de Antoine não era dos melhores. O mundo estava atravessando uma época muito obscura. E veriam tempos mais obscuras ainda.

Chegou à Espanha em agosto de 1936 e, em vez de se interessar por acontecimentos políticos ou pela guerra, dedicou-se a observar o ser humano, o que sempre tinha sido o foco de Saint-Exupéry. Surpreendeu-se com o aspecto desumano da guerra e, por sua vez, com o heroísmo das pessoas comuns, o que o deixava comovido.

Depois de alguns dias, voltou a Paris e entregou os textos que tinham sido encomendados.

No fim do ano, recebeu uma notícia que o deixou arrasado. Seu querido amigo Jean Mermoz tinha desaparecido no oceano Atlântico. Depois de longas buscas, tinha sido dado como morto. Foi um grande golpe para Antoine.

No início de 1937, o Ministério da Aviação e a Air France lhe ofereceram uma soma grande de quarenta mil francos para que fizesse uma série de voos de promoção até a África. Mais uma vez... até o mesmo lugar de onde tivera que ser resgatado. Mais uma vez... acompanhado por André Prévot que, além de mecânico, era claramente tão aventureiro quanto Antoine.

Dessa vez, não houve acidente. Viajaram por cidades como Casablanca, Dakar e Timbuktu. Em Dakar, um amigo deu de presente, a Tonio, um filhote de leão. Não havia aprendido nada de suas experiências anteriores, por isso aceitou. Ele achou que aquele era um belo presente para dar a sua sobrinha.

"Antoine, es-tu fou?" ("Por acaso você ficou louco, Antoine?").

Não, não estava louco. Mas o animal, sim, ficou louco no trajeto entre Dakar e Taudeni e, de repente, machucou Prévot. Por fim, o felino teve que ficar na África.

Tonio aproveitava os intervalos entre os trajetos para escrever, já que o jornal *L'Intransigeant* o havia contratado de novo para que escrevesse uma crônica de viagens. Ao voltar a Paris, outro jornal, o *Paris-Soir*, também o chamou para escrever textos jornalísticos.

Logo, uma nova aventura se apresentou na vida do aviador. Um novo *raid* foi organizado, como aquele entre Paris e Saigon, que Antoine quase pagou com sua vida. Dessa vez, o objetivo não era bater um recorde, mas unir as cidades de Nova York, nos Estados Unidos, e Punta Arenas, no Chile.

Saint-Ex gostou da ideia. Principalmente, o fato de voltar à América do Sul. Além disso, ele se sentia seguro, já que conhecia aqueles céus. Iria com seu inseparável companheiro de viagem: André Prévot.

Durante o outono de 1937, Antoine se dedicou a escrever alguns artigos para a imprensa e a preparar a nova empreitada. Mas antes dessa viagem, visitou a Alemanha com sua amiga Nelly de Vogüé para escrever uma matéria. O que viu naquele país o deixou arrasado. Já tinha visitado a Rússia de Stalin, a Espanha da Guerra Civil e, agora, a Alemanha nazista. Os passos que a humanidade estava dando o assustavam. Ele tinha sido testemunha da Primeira Guerra Mundial. Não suportava a ideia de haver mais um conflito.

No dia 11 de janeiro de 1938, Prévot e Saint-Exupéry chegaram a Nova York. André se ocupou da preparação do avião e Tonio se dedicou a conhecer a Grande Maçã (Big Apple).

A primeira impressão que teve foi muito parecida com a impressão que teve de Buenos Aires. No começo, a cidade não lhe agradou, mas, pouco depois, começou a considerá-la atraente. Fora de seu ambiente familiar seguro, Antoine se sentia desconfortável. Mas passava a desfrutar da situação depois que se adaptava ao destino novo.

Durante sua estadia em Nova York, conheceu Maximilian Becker, um agente literário que tinha muitos desejos de publicar um novo livro de Saint-Exupéry. Quando se reuniu com ele, Antoine tirou uma quantidade muito grande de papéis de uma pasta. O livro já estava escrito, mas os editores não sabiam francês e, além disso, Saint-Ex tinha assinado um contrato de exclusividade com a editora Gallimard, da França. Todas essas questões o deixavam muito incomodado.

Que se organizem com os editores! Que procurem um tradutor! Ele precisava cuidar do *raid*.

A decolagem de Nova York para começar o trajeto até a América do Sul teve que ser adiada duas vezes devido às tempestades. Se Consuelo estivesse ali, teria visto isso como sinal de azar. Tonio não deu importância.

Devido ao mau tempo, André e Tonio fizeram escalas em Washington, Houston e Atlanta. Conseguiram chegar a Veracruz, no México. A escala seguinte seria na Nicarágua, mas mudaram de ideia de repente e foram para a Guatemala.

A aterrissagem na Guatemala não poderia ter sido melhor. Abasteceram. Retomaram o voo. O avião estava na pista. Começou a taxiar. Antoine sentia a aeronave pesada demais.

Tinham cometido um erro de cálculo na quantidade de combustível.

Acelerou. Acelerou mais. Forçou os motores a alcançar a potência máxima e conseguiu levantar voo. Mas a física é implacável: se o objeto for pesado demais, não vai conseguir voar.

O avião caiu e Antoine, teimoso e quase por capricho, insistiu em levantar voo de novo.

A asa esquerda bateu contra um poste e o avião acabou se chocando contra o chão.

Mais uma vez, um acidente em um voo.

"Une autre fois, Antoine?" ("Outra vez, Antoine?").

Mas, dessa vez, as consequências foram mais graves.

A ajuda chegou imediatamente. André Prévot foi resgatado, com algumas fraturas, mas estava fora de perigo. Antoine estava mesmo muito mal.

Quando o tiraram da cabine, ele disse algumas palavras. Pediu para chamarem Nelly de Vogüé e avisarem que ele estava bem. Depois, desmaiou.

Ele foi levado ao hospital.

Passou uma semana em coma. Ninguém sabia se despertaria. Quando finalmente abriu os olhos, a situação não tinha melhorado.

Tinha sofrido traumatismo craniano, ganhou um corte na pálpebra do olho esquerdo, fraturou o úmero e não conseguia levantar o braço direito. Além disso, estava com uma infecção e corria risco de ter a mão amputada.

Consuelo chegou para vê-lo o mais rápido possível. Três semanas depois, Antoine recebeu alta do hospital e voltou para os Estados Unidos. Em Nova York, sua amiga Nelly de Vogüé o esperava, e foi ela quem o ajudou em sua recuperação. Consuelo voltou para a França.

Antoine chegou vivo ao final de 1938. E isso, para Antoine de Saint-Exupéry, já era muita coisa.

9. ONDE ESTÃO OS HOMENS?

Em 1939, dez anos depois da edição de seu primeiro romance, foi publicado, nos Estados Unidos e na França, *Terra dos Homens*. Esse livro foi dedicado a seu amigo Henri Guillaumet. O sucesso foi imediato em ambos os países. Nos Estados Unidos, foi premiado com o National Book Award, enquanto que em seu próprio país foi premiado pela Academia Francesa com o Grande Prêmio de Romance.

Por um tempo, dedicou-se à apresentação de seu livro em várias cidades dos Estados Unidos, apesar de não estar bem de saúde. As aventuras ao longo de sua vida, e principalmente no último acidente, tinham deixado suas marcas.

Nesse mesmo ano, a noite escura tomou conta da Europa: no dia 1º de setembro de 1939, a Alemanha invadiu a Polônia. A guerra foi inevitável. O vírus do horror, que havia assolado o velho continente vinte e cinco anos antes, voltava a atacar... mais agressivo do que nunca.

Saint-Exupéry foi convocado para servir a seu país. Se não tivesse sido convocado, teria se apresentado voluntariamente. Para ele, poucas coisas eram mais importantes do que a liberdade, e sentia a necessidade de defendê-la dos totalitarismos que se expandiam pelo mundo.

Mas sua saúde não ajudava: foi reprovado depois do exame médico.

Antoine se desesperou e chamou sua amiga, Nelly de Vogüé, para que recorresse a todos os conhecidos que tinha para conseguir ser aceito. E conseguiu.

Seus amigos tentaram convencê-lo de que não fosse à guerra, mas não conseguiram.

No dia 26 de novembro de 1939, Saint-Exupéry foi incorporado à força aérea francesa. Por sua paixão por fotografia e pela experiência que tinha com aviões, tinha que fazer voos de reconhecimento e fotografar posições inimigas, com risco de ser atacado e morto por um avião alemão.

Em seu tempo livre, escrevia. E, como gostava de fazer, contava suas vivências.

No fim de maio de 1940, a França foi invadida pela Alemanha. Alguns amigos de Tonio tiveram que fugir e, entre eles, estava Léon Werth que, por ser judeu, corria grande perigo na Europa ocupada pelos nazistas.

Nesse ano, Antoine realizou muitas missões de reconhecimento e, em uma delas, ficou preso no meio de um tiroteio. Sobreviveu milagrosamente. Por ter cumprido essa missão arriscada, ganhou uma condecoração: a Cruz da Guerra com palmas.

Com a França ocupada, Saint-Exupéry decidiu viajar para os Estados Unidos.

Antes de partir para a América do Norte, uma nova notícia atingiu seu coração: o avião pilotado por seu querido Henri Guillaumet havia desaparecido. Como ele mesmo contou em uma carta a sua amiga Nelly, sentia que não tinha mais amigos. Primeiro, Mermoz; agora, Guillaumet.

No último dia do ano de 1940, Saint-Exupéry chegou a Nova York. Sua estada em Manhattan lhe permitiu afastar-se um pouco da guerra. Muito pouco. Sua terra tinha sido invadida. Sua vida, sua infância, suas lembranças, tudo ocupado pelos nazistas. Sua família ainda estava lá. Assim como Consuelo. Apesar de o casal não ter se separado, eles levavam vidas separadas.

A imprensa norte-americana o esperava com ansiedade. Não apenas pela fama que Antoine havia ganhado naquele país devido a seus livros, mas também porque tinham interesse em conhecer suas opiniões políticas. E ele também se interessava em contá-las, pois considerava fundamental a entrada dos Estados Unidos na guerra. A Alemanha tinha ocupado quase toda a Europa. A Grã-Bretanha, juntamente com as resistências dos países ocupados, procuravam conter a máquina de guerra dos alemães.

Os editores, e principalmente seu agente literário Maximilian Becker, quiseram aproveitar a estadia do bem-sucedido Saint-Exupéry para pedir que ele escrevesse um livro novo. Com esse objetivo, conseguiram para ele um apartamento com vista para o Central Park, no vigésimo terceiro andar, onde pudesse ficar à vontade para escrever.

No dia 20 de fevereiro de 1942, foi publicado *Piloto de Guerra*. Como era esperado, foi um sucesso. Demorou um ano para escrevê-lo, em parte, por motivos de saúde. Os excessos em sua vida, as aventuras, os acidentes, a má alimentação, o cigarro... Tudo isso havia desgastado seu corpo.

Nos Estados Unidos, o novo livro não parava de vender. Ainda mais levando em conta que, dois meses antes de sua publicação, aquele país havia entrado em guerra. Por outro lado, na França, o livro tinha sido proibido pelo governo alemão de ocupação.

Em março daquele ano, um mês depois da publicação, Antoine conheceu Sylvia Hamilton em uma festa, uma jornalista que declarou sua admiração por ele por meio de um intérprete. Tonio não falava inglês. Sylvia não falava francês. No entanto, isso não foi impedimento para o amor nascer entre eles.

Também naquele ano, os editores da editora norte-americana Reynal & Hitchcock observaram, com curiosidade, que a assinatura de Antoine sempre trazia o desenho de um homenzinho com cara de menino e calças largas.

— O que é esse rabisco que Antoine sempre faz?

— É sua assinatura.

— Não, não. Ao lado da assinatura. Ele desenha um homenzinho.

— Ah, sim, sim, sempre desenha. Nunca perguntei qual é o significado. Nem quem era.

Os editores pensaram que podiam pedir ao famoso escritor que contasse uma história sobre aquele homenzinho, um conto para crianças para que pudessem publicar no Natal daquele mesmo ano.

Un livre pour les enfants.
Peut-être un petit homme.
Ou mieux,
Un petit prince...

(Um livro para crianças.
Pode ser um homenzinho.
Ou melhor,
Um principezinho...).

10. É NECESSÁRIO PROCURAR COM O CORAÇÃO

Que história poderia contar às crianças? Antoine se dedicou a pensar na própria vida. Em como sua infância tinha sido. Na felicidade que sentira quando pequeno, nos momentos de alegria plena com seu irmão François e com suas irmãs, nas brincadeiras, nas pessoas que o haviam cercado por toda a vida.

Só as crianças sabem o que procuram.

Lembrou de sua mãe. Fundamentalmente, pensou em como as pessoas que cuidaram dele o tinham amado.

Se você ama alguém, cuide. Como se cuida de uma flor.

Pensou em Consuelo, em Yvonne de Lestrange, em Nelly de Vogüé e em Sylvia Hamilton. Pensou em Henry de Ségogne, em Mermoz, em Guillaumet e em Léon Werth.

E, de repente, supôs que tinha que escrever, que tinha que contar a seus filhos. Tinha que escrever sobre as duas coisas mais importantes da vida: a amizade e o amor.

Especialmente sobre o amor, em um momento em que o mundo se dedicava ao ódio.

O livro para crianças, ao qual deu o título de *O Pequeno Príncipe (Le Petit Prince)* também foi ilustrado por ele. Aquele homenzinho que sempre desenhava havia marcado seu destino sem que ele soubesse. E o dedicou a seu grande amigo Léon Werth.

Além dessa obra, escreveu um livro para adultos. Queria contar aos adultos, assim como tinha contado às crianças, como a amizade era importante. *Carta a um refém* foi o título de seu outro livro. Não só falava da amizade, como também da vida dos

exilados durante a guerra, entre os quais se encaixavam vários de seus amigos.

No fim de 1942, os Estados Unidos invadiram a África para começar a reconquista da Europa. Antoine sentiu que era uma espécie de sinal e decidiu voltar à guerra.

No inverno de 1943, entregou os dois livros à editora.

Em abril do mesmo ano, *O Pequeno Príncipe* foi publicado. Em junho, foi a vez de *Carta a um refém.*

Antes de seguir em frente — foi mandado à África —, encontrou Sylvia Hamilton pela última vez. Deixou com ela, de presente, para o caso de não voltar da guerra, duas das coisas de que mais gostava: sua câmera fotográfica e o manuscrito original de *O Pequeno Príncipe.*

Assim que chegou à Argélia, na África, a primeira coisa que Tonio decidiu fazer foi aprender a pilotar os novos aviões, muito superiores àqueles com os quais estava acostumado. O aprendizado não foi nada fácil. Tinha quase quarenta e três anos vividos de forma muito intensa. Seu corpo doía, mas não se deu por vencido. A alma e o coração doíam mais. A guerra os castigava.

Em sua segunda missão, se viu obrigado a fazer um pouso forçado e, como os médicos detectaram que os reflexos falhavam, foi mandado para trabalhar em terra. Ele sabia que não podia continuar voando, mas seu espírito e suas convicções por lutar pela liberdade eram mais fortes.

Durante os oito meses que passou em terra, dedicou-se a terminar um texto que havia começado em Nova York, chamado *Cidadela.* Permaneceu na Argélia até maio de 1944. Até então, as vendas de

O Pequeno Príncipe estavam excelentes. Mas o piloto só pensava na guerra. Em uma carta a Nelly de Vogüé, era possível perceber a angústia que Antoine sentia com o conflito bélico:

É noite na mente e faz frio no coração. Tudo é medíocre. Tudo é feio.

Insistiu tanto, que os médicos acabaram permitindo que ele voasse. Em maio de 1944, ele entrou para a esquadrilha de Cerdeña, na Itália, para realizar voos de reconhecimento e tirar fotos dos territórios ocupados.

Seus superiores o haviam autorizado a fazer cinco missões. Mas, no fim de junho, já tinha participado de oito. Antoine nunca se dava por satisfeito. Pediu para se responsabilizar por mais missões. E conseguiu.

No dia 31 de julho de 1944, um mês depois de completar quarenta e quatro anos, partiu na que seria sua última missão. Nunca voltou. Seu avião foi derrubado por um alemão. Ou talvez, um defeito técnico tenha feito a aeronave cair.

A única coisa que sabemos com certeza foi que desapareceu em plena missão lutando pela liberdade de seu país, de seu continente, de seu planeta.

Só se viu um resplendor amarelo ao redor da cauda.
Permaneceu imóvel por um instante.
Não gritou. Caiu suavemente como cai uma árvore.
Nem sequer fez barulho, por causa da areia.

Antoine de Saint-Exupéry não chegou a ver o sucesso de sua obra. *O Pequeno Príncipe* foi traduzido para mais de duzentos e cinquenta idiomas e vendeu catorze milhões de exemplares. A fama do livro chegou ao cosmos. Há dois asteroides que têm os nomes retirados dessa história.

No dia 7 de setembro de 1998, um pescador, Jean-Claude Bianco, lançou sua rede de um barco pequeno a cerca de vinte quilômetros da costa da Marselha e, como todos os dias, se concentrou em pedir a Deus que a pesca do dia fosse boa. Pescou vários peixes, mas um deles brilhava. Seria um peixe?

Aproximou-se da rede e encontrou uma pulseira com uma inscrição. Tentou imaginar o valor do objeto. Limpou para ver a inscrição. Não acreditou quando leu:

Antoine de Saint-Exupéry (Consuelo)
Aos cuidados da Reynal & Hitchcock Inc.
385 4th Avenue, NY City, USA

Cinquenta e quatro anos depois.

Em maio do ano 2000, o mergulhador Luc Vanrell encontrou os restos do avião de Saint-Exupéry. Organizou uma equipe de mergulho e de arqueólogos, e conseguiram resgatá-lo.

O que restou da nave é exibido hoje no Museu do Ar e do Espaço em Le Bourget.

Nunca encontraram o corpo de Antoine.

Mas nós sabemos onde ele está.

No asteroide B 612. Admirando um pôr do sol.

— Vocês não são nem um pouco parecidas com a minha rosa, vocês não são nada ainda — disse ele. — Ninguém cativou vocês e vocês não cativaram ninguém. Vocês são como era minha raposa. Ela era apenas uma raposa semelhante a mil outras. Mas nos tornamos amigos e ela é agora única no mundo.

E as rosas ficaram muito aborrecidas.

— Vocês são belas, mas são vazias — disse-lhes ainda.

— Não se pode morrer por vocês. Claro, um passante comum pensaria que minha rosa se parece com vocês. Mas ela sozinha é mais importante que vocês todas, porque foi ela que eu reguei. Porque foi ela que coloquei sob uma redoma de vidro. Porque foi ela que abriguei sob o para-vento. Porque foram as suas lagartas que matei (exceto duas ou três que se tornaram borboletas). Porque foi ela que escutei se queixar ou se vangloriar ou, às vezes, calar-se. Porque ela é a minha rosa.

E ele retornou para a raposa:

— Adeus — disse ele...

— Adeus — disse a raposa. — Eis meu segredo. Ele é muito simples: só se vê bem com o coração. O essencial é invisível aos olhos.

— O essencial é invisível aos olhos — repetiu o pequeno príncipe, a fim de lembrar-se.

— É o tempo que você perdeu com sua rosa que faz dela uma coisa tão importante.

O Pequeno Principe, Antoine de Saint-Exupéry
(capítulo XXI, Catapulta Editores, 2018)